N° d'Éditeur : 10041808 - (I) - (8) CSBT 170
Dépôt légal : janvier 1998
Impression et reliure : Pollina s.a., 85400 Luçon - n° 73854-E
Conforme à la loi n° 49.956 du 16 juillet 1949
sur les publications destinées à la jeunesse.
ISBN : 2.09.202113-3

LE RAT DE VILLE ET
LE RAT DES CHAMPS

Conte traditionnel
Illustré par Isabelle Chatellard

NATHAN

Un jour d'été, un petit rat, qui vivait
dans un joli nid suspendu à une grosse tige de blé,
invita un de ses cousins, qui habitait la ville voisine,
à venir passer une journée avec lui.
Le rat de ville admira beaucoup les beaux épis dorés
et les coquelicots rouges, mais il trouva le dîner
un peu maigre.

– Comment ! dit-il, tu n'as à manger que
des grains de blé et d'orge et quelques racines ?
Ce n'est pas vivre ça ! Moi, j'ai toutes sortes
de bonnes choses à grignoter tous les jours !
Viens me rendre visite, et tu verras.

Le petit rat des champs fut très content de cette
invitation, et la semaine suivante, il se rendit
à la ville, chez son cousin, qui habitait la maison
d'un riche marchand.

Son cousin le reçut très bien, et le mena d'abord
dans le placard de la cuisine.

Là, sur la planche d'en bas, derrière des jarres
en grès, il y avait un pain de sucre blanc.
Le rat de ville fit un petit trou dans le papier
avec ses dents, et tous deux se mirent à grignoter.
Le petit rat des champs pensait qu'il n'avait jamais
rien goûté d'aussi bon, quand tout à coup
la porte du placard s'ouvrit brusquement : bang !

C'était la cuisinière qui venait chercher de la farine.
– Vite ! vite ! sauvons-nous ! chuchota le rat de ville
et tous les deux s'échappèrent par le petit trou
qui les avait laissés entrer.

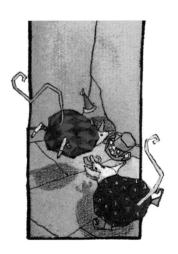

Le rat des champs était tout tremblant ;
mais l'autre dit :
– Ce n'est rien ; elle va s'en aller, et nous
reviendrons.

Ils revinrent en effet, et, cette fois, ils grimpèrent
tout en haut, sur la planche supérieure, où il y avait
un bocal plein de pruneaux.
Avec bien de la peine, ils tirèrent un pruneau
qu'ils se mirent à ronger. C'était encore meilleur
que le sucre ! Les dents du petit rat des champs
ne pouvaient pas aller assez vite. Mais tout à coup,
on entendit un grattement à la porte du placard,
et un *mi a o.!...*

– Qu'est-ce que c'est que ça ? demanda le rat
des champs.

– Chu… u… u… t ! dit son cousin, en courant
à son trou, où son camarade le suivit aussi vite
qu'il put.

Et quand ils furent en sûreté :

– C'est Mistigri le gros chat de la maison,
dit le gros rat, il n'a pas son pareil pour attraper
les rats, et s'il nous avait vus !…

– C'est terrible ! dit le petit rat en frissonnant.
Ne retournons pas au placard, veux-tu ?

– Non, dit le rat de ville, je vais te mener
à la cave. Il y a quelque chose de délicieux là-bas.

Les deux amis descendirent à la cave,
et ils virent dans une vieille armoire des pots
de beurre et des rangées de fromages de Hollande.
Il y avait aussi des chaînes de saucissons
et des barils de pommes sèches, et bien d'autres
choses encore ! Ce que cela sentait bon !

Le petit campagnard courait de tous côtés, grignotant
un bout de fromage par-ci, un saucisson par-là,
quand il vit un délicieux morceau de lard grillé
dans une drôle de petite machine.

Il allait y porter la dent quand son cousin lui cria :

— Arrête ! arrête ! ne va pas là ! C'est une trappe.

— Qu'est-ce que c'est qu'une trappe ? demanda
le petit rat en s'arrêtant.

— Cette chose est une trappe, dit l'autre. Si tu avais
touché le lard avec tes dents, quelque chose se serait
décroché, et tu aurais été pris.

Le petit rat regarda la trappe ; puis le lard ;
puis son cousin.
– Avec ta permission, dit-il, je pense que je m'en irai
chez moi. J'aime mieux n'avoir à manger que du blé
et des racines et être tranquille que d'avoir du sucre
et du fromage et d'être effrayé tout le temps !
De sorte que le petit rat des champs retourna
à la campagne et y vécut heureux tout le restant
de sa vie.

Regarde bien ces images de l'histoire.

Elles sont toutes mélangées.

Amuse-toi à les remettre dans l'ordre !

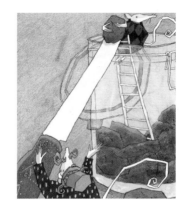